AF586780

REMONTRANCES

AU

PARLEMENT,

Avec des notes, & orné de Figures.

AU PARAGUAY,

De l'Imprimerie de Nicolas premier.

M. DCC. LXI.

LAUR. RICCI, GEN. DE LA SOC. DE JESUS, ROY DU PARAG. PREF. DES MARCH. DE L'UNIVERS.
A ces Signes, mis en vos mains,
Vous vaincrez toute ame indocile,
Fils d'Ignace, à tous les humains
Allez prêcher cet Evangile.
Grand Monarque, de grace épargne ma Sellette
Garde toi d'envoyer au pont-neuf Lavalette.
Je suis Roy, comme toi. Que chacun ait son bien.
Ton trone est un Bureau, ma Sellette est le Mien.
Magasin de toutes sortes de
marchandises, en gros, et en détail.
SAINT IGNACE
Messieurs, sur la vieille methode,
Cessez de regler vôtre goût.
A saint-Ignace on vent de tout.
Voici les Marchands à la mode.
Sucre
Indigo

REMONTRANCES AU PARLEMENT, Sur l'Arrêt rendu le 8 Mai 1761.

DU Roi, le bien-aimé, (*a*) Cour & Conseil suprême,
Ministre du pouvoir, qu'il ne doit qu'à Dieu même, (*b*)
Interprête des Loix, colomne de l'Etat,
Vangeur de l'innocent, terreur du scélerat,
De la grandeur française azile inviolable,
Et de la vérité sanctuaire adorable,
PARLEMENT, qu'as-tu fait ? par quelle aveugle erreur
As tu porté tes mains sur les oints du Seigneur ? (*c*)
Retourne au jugement de la chaste Suzanne.
Moderne Daniel, de Dieu fidèl organe,
Je viens te l'annoncer. De la SOCIETE'
Tu devois adorer l'antique sainteté. (*d*)

(*a*) Louis quinze, Roi de France, a mérité par son amour pour le peuple l'auguste qualité de LOUIS LE BIEN-AIME'.

(*b*) Il n'y a point de puissance, qui ne vienne de Dieu, & c'est lui qui a établi toutes celles qui sont sur la terre. *S. Paul. Rom. 13. 1.*

(*c*) Gardez-vous bien de toucher à mes oints. *paral. 16. 22.* Les Rois & les Prêtres sont appellés les oints du Seigneur.

(*d* Dans l'assemblée de Poissy & au Parlement, il fut défendu aux Compagnons d'Ignace de prendre le nom de Société de Jesus, comme s'il n'y avoit qu'eux qui fussent Saints, & que tous les autres dussent être regardés comme des profanes.

Quand on a sur son front deux cens ans d'innocence (*a*)
Vers soi l'on a le droit d'entraîner la balance.
Le crime parut-il aussi noir que la nuit,
Le Juge doit blanchir la main qui l'a produit ?
Vieillards de Babilonne, indignes de la vie,
Deviez-vous de Jesus noircir la Compagnie ? (*b*)
Qui d'entre vous pourra la convaincre jamais
D'avoir osé penser au moindre des forfaits ? (*c*)
Son nouveau Versoris, (*d*) sûr de ce qu'il avance,
A d'un ton ferme dit, même en votre présence
» Lavalette (*e*) & Ricci (*f*) n'ont jamais commercé.
» Ce délit est contre eux faussement avancé.
Externes, ennemis de la gloire des *Nôtres*, (*g*)
Est-il jamais de crime au milieu des Apôtres ?
Les Jésuites le sont. (*h*) L'habit seul de Jesus
Porte avec lui l'éclat de toutes les vertus.
Je ne saurois, Messieurs, allier mon hommage

(*a*) Le 15 Septembre 1561, l'assemblée de Poissy reçut & approuva les Compagnons d'Ignace, non comme une Religion nouvellement établie en France, mais seulement comme freres du Collége de Clermont.

(*b*) Le Parlement n'a point changé la qualification de freres du Collége de Clermont donnée aux Compagnons d'Ignace dans l'assemblée de Poissy, ni dans l'enregistrement des Lettres-Patentes, fait le 13 Février 1561, ni à leur rétablissement en 1603, en 1561 : l'année ne commencoit point au premier Janvier. Son commencement étoit à Pâques. Le Parlement n'adopta le changement qu'en 1564.

(*c*) La Société renferme les perfections de tous les Ordres; quelque excellence qu'ils puissent avoir ; la Société brille d'une maniere plus éminente. Dans la Société il n'y a ni écume, ni lie, comme il y en a parmi les Moines, qui sont le plus souvent ignorans, stupides, paresseux, négligens en ce qui concerne leur salut, adonnés au ventre, &c. Avis secrets de la Société, chap. 5. 1. 7. 13.

(*d*) VERSORIS étoit l'Avocat des Jésuites, lorsqu'ils plaidoient contre l'Université, qui refusoit de les admettre dans son corps en 1564, THEVENOT d'Essaule a plaidé pour eux dans la Cause des Lioncy ; cet Avocat a été trop animé de l'esprit de ses Parties. Le public a mieux aimé la modération de son confrere LAGET, autre Avocat des Jésuites, qui a eu le malheur de défendre une mauvaise Cause.

(*e*) Jésuite envoyé à Saint Pierre de la Martinique. Il a passé par divers emplois ; sa derniere dignité étoit celle de Préfet Apostolique des Missions de l'Amérique Méridionale. Au lieu de prêcher l'Evangile de Jesus-Christ, il a fait le commerce ; & il a eu des correspondans aux quatre parties de la terre.

(*f*) Supérieur général de la Société des Jésuites, qui a autorisé le P. Lavalette en tout ce qu'il a fait, suivant les constitutions de la même Société.

(*g*) Les NÔTRES sont tous ceux qui sont de la Société de Jesus. Les Externes sont ceux que n'en sont pas.

(*h*) Les Jésuites font un quatriéme vœu, par lequel ils promettent au Pape une obéissance spéciale pour ce qui concerne les Missions. Ce qui fait donner à quelques-uns d'entr'eux la qualité de Préfet Apostolique de ces Mission.

A l'encens prodigué (*a*) par ce public volage,
Qui pense faussement que l'on doit en ce lieu
Dire ; le peuple parle ; il est la voix de Dieu.
Que l'esprit des mortels est facile à séduire !
De leur fonds seul ils ont tout ce qui peut leur nuire.
Votre Arrêt du huit Mai (*b*) ne vous fait point d'honneur.
Dans le doute il falloit prononcer en faveur (*c*)
De l'Ordre le plus saint & le plus respectable.
Tout Jésuite a de droit tout Juge favorable.
Le sage Parlement (*d*) qui fit grace à Girard, (*e*)
N'auroit point à la Grève exécuté Guignard (*f*)
Il connoissoit à fonds les utiles maximes
De ceux qui sans péché (*g*) commettent les grands crimes.
A votre place il eut condamné Lioncy (*h*)
A céder sa chemise au Monarque Ricci. (*i*)

(*a*) Dans une Cause célébre, plaidée à la Grand'Chambre, on n'a jamais vû un applaudissement plus grand que celui que le public donna le 8 Mai 1761, au plaidoyer de Monsieur Pélletier de Saint-Fargeau, Avocat Général, & au prononcé de Monsieur le Premier Président Molé. Celui-ci fut conduit jusqu'à la porte de son Hôtel, au milieu des acclamations du peuple, & l'autre jusqu'à la portiere de son carrosse.

(*b*) Arrêt où la Cour, composée de trente-deux Juges, a d'une voix unanime, condamné le Supérieur général, & en sa personne la Société des Jésuites en cinquante mille livres de dommages & intérêts envers les Parties de Gerbier, Avocat des Sieurs Gouffre & Lioncy.

(*c*) Toutes les fois qu'il s'éleve quelque doute sur l'intelligence des privilèges de notre Société, tous les Jurisconsultes, & tous les Juges, soit dans le Parlement, soit dans le Conseil du Roi, en doivent faire en tous tems l'interprétation en faveur de la Société. *privil.* §. 4.

(*d*) Le Parlement d'Aix se deshonora en 1720, dans l'affaire du P. Girard & de la Cadiere, si connus tous les deux à Toulon.

(*e*) Le P. Girard, Jésuite, mort à Dôle, en Franche-Comté, en odeur de sainteté, au Jugement du P. Montigny ; & suivant le P. Colonia, avec son innocence baptismale.

(*f*) Le P. Guignard, Jésuite, pendu & brûlé à Paris en Place de Grève, pour avoir dit qu'il étoit permis de tuer Henry IV. que l'action de Clément parricide d'Henry III. avoit été un don du Saint-Esprit. Les Jésuites de Lisle ont élevé un Autel à ce séditieux avec cette inscription blasphematoire : *le bienheureux Guignard, mis à mort pour la foi par les Hérétiques de France.*

(*g*) Les Jésuites de Portugal ont décidé que le parricide qui tueroit Sa Majesté Très-Fidele, ne seroit pas même coupable d'un péché véniel. Jugement de Portugal. Pag. 7.

(*h*) Les Lioncy freres, & Gouffre, Négocians à Marseille, avoient accepté pour quinze cens mille deux cens soixante seize livres deux sols un denier, de lettres de change tirées par le P. Lavalette. Les Lioncy pour faire honneur à leurs affaires, avoient vendu tout ce qu'ils possedoient, & l'on peut dire qu'ils avoient été réduits à la chemise qu'ils portoient sur le corps, au moment où la Société ne remplit point les engagemens qu'elle avoit contracté vis-à-vis de ces Négocians de bonne foi.

(*i*) Gregoire XIV. a donné en 1591 une Bulle par laquelle ce Pape déclare que le gouvernement de la Société dont Ignace est le fondateur, est en tout un gouvernement mo-

Ricci fait le commerce, eut-il dit; qu'il le fasse.
C'est la profession des vrais Enfans d'Ignace. (a)
Chacun doit observer les loix de son état.
Il me semble déjà vous voir de ce Sénat (b)
Fronder indignement la louable conduite.
Il fit ce qu'on faisoit alors (c) pour le Jésuite.
Il seroit à présent aussi méchant que vous.
Votre sinistre exemple allume son couroux.
Et la séduction s'emparera des autres.
Vous ne sauriez jamais empêcher des Apôtres
D'aller prêcher partout la parole de Dieu.
Ils ont ce droit du Pape. Ils iront en tout lieu,
Malgré votre défense, en prêchant l'Evangile,
Allier sagement le saint avec l'utile.
Je ne puis approuver le grave SAINT-FARGEAU (d)
D'avoir malignement osé dire au Barreau,
En faisant l'exposé de la banque publique
Que l'Agent (e) de Ricci fait à la Martinique.
» Jésuites, par état vous devez en ce lieu
» Aux Sauvages prêcher sa parole de Dieu.
» A des travaux mondains votre talent s'exerce.
» Vous n'avez d'autre soin qu'un infâme commerce.
» Votre cœur sous ce joug sans cesse est asservi.

narchique, qui dans ses décisions, dépend uniquement de la suprême volonté d'un seul Supérieur-Général.

(a) Les Jésuites ont obtenu de Gregoire XIII. le privilége de faire le commerce dans les Indes, & de faire seuls les Missions du Jappon exclusivement à tous autres Religieux, afin d'avoir plus de liberté de commercer.

(b) Le Parlement d'Aix.

(c) Les Jésuites depuis leur institut n'ont employé que les voies d'autorité pour se soutenir. Ils ont eu assez de malice pour faire paroitre blanc ce qui étoit noir, & noir ce qui étoit blanc.

(d) M. Pelletier de Saint-Fargeau a tenu à l'Audience contre les Jésuites ce langage vraiment évangélique, & a donné contr'eux des Conclusions suivies par la Grand'Chambre. C'est dommage que ce digne Magistrat ne soit pas Evêque; le Clergé de France auroit dumoins un Prédicateur de la vérité.

(e) Le P. Lavalette n'a point agi à la Martinique, comme un Préfet Apostolique des Missions; il étoit le premier commis du Général de la Société, la caisse de ce banquier se versoit dans celle du P. de Sacy à Paris, & celle de ce Procureur Général des Missions de l'Amérique, se versoit dans le coffre fort du Supérieur Général de la Compagnie de Jesus, résidant à Rome. Ce fait est constaté par une Sentence des Consuls de Paris rendue au profit de la veuve Grou, le 30 Janvier 1760.

» Dieu par vous ne peut être avec Mammon servi. (a)
Mal à propos, Messieurs, dans leur riche carriere
Vous voulez de vos mains poser une barriere.
Vous n'avez point ce droit. Il vous est dénié.
De fait votre Sénat est excommunié. (b)
Du Midi jusqu'au Nord, du Couchant à l'Aurore,
Ils ont fait avant vous ce qu'ils feront encore.
Dès leurs plus jeunes ans, encor dans le berceau (c)
Les Jésuites dans l'Inde envoyoient un Vaisseau.
Ils le chargeoient pour eux de toutes marchandises,
Sans être aux droits d'Espagne en son trajet soumises.
Pour moitié seulement ces fils de Loyola
En faisoient partir un de Dieppe au Canada.
Le Genéral lui-même avec la Compagnie
Autorisa la charge, en fit la garantie,
Ces Peres de leurs prêts recoivoient à Pequin
Jusqu'à trente pour cent, l'Evangile à la main.
Ils sont Courtiers, Bouchers, Parfumeurs au Maxique.
Ils ont à Carthagene une banque publique.
Leur florissant commerce est à Pondichery,
A Nanquin, à Canton, à Manille établi.
Leur Paraguay fournit par ses trésors immenses
De quoi faire partout les plus grandes dépenses.
Ils ont dans tous les Ports des magasins ouverts,
Où vient l'or de la terre, & les perles des mers,
Le tabac, le caffé, le sucre, la canelle,
La perse, le velours, le galon, la dentelle.
Des chiens d'un Empereur ils sont valets zèlés.
Ils vendent du porc frais, & des poissons salés.
Nul n'est oisif chez eux. L'un est simoniaque,
L'autre publiquement vend de la thériaque. (d)

(a) Nul ne peut servir deux Maitres; car ou il haïra l'un, & aimera l'autre, ou il respectera l'un, & méprisera l'autre; vous ne pouvez servir Dieu & l'ARGENT. *Saint Matthieu. 6. 24.*

(b) Tous ceux qui auront la téméraire hardiesse de contrevenir à nos priviléges, qui permettent aux NÔTRES de faire DES FAUTES, encourront L'EXCOMMUNICATION. *compend. mot. privil.* §. 10.

(c) En 1594, Antoine Arnaud, Avocat de l'Université de Paris, reprochoit aux Jésuites d'envoyer un grand Vaisseau aux Indes, chargé de leur or & de leurs marchandises, sans payer le quint au Roi d'Espagne.

(d) Les Jésuites faisoient à Paris dans leur maison Professe, rue S. Antoine, une très-

Convainquez-vous enfin par ces faits évidens
Que le Corps Jésuitique est un Corps de Marchands.
Il a pour le trafic d'aussi grands priléges
Que pour l'A B C D qu'il enseigne aux Colléges.
Que ferez-vous, Messieurs, contre ses boulevards
Son chef tient dans sa main la force des Césars.
Foibles roseaux, toujours sous ce chêne superbe
Vous irez, en tremblant, baisser vos fronts sur l'herbe.
Vos Arrêts seront-ils de plus fortes raisons
Que celles dont l'Eglise a chargé ses Canons ? (*a*)
Lavalette fera sans cesse en Amérique
Ses traites, ses achats, & sa banque publique.
Excepté les trafics, tirés du Portugal (*b*)
Mêmes pouvoirs chez lui viendront du Général.
Sans emprunter ici le tour de l'hiperbole,
Ses Navires iront de l'un à l'autre pole.
Il pourra dire encor de Saint-Pierre (*c*) écrivant,
» Ici les sucres ont baissé de dix pour cent (*d*)
» Voilà pourquoi j'ai soin d'en ACHETTER à force.
» C'est pour notre maison une flateuse amorce
» Dans le mois tous mes fonds recevront leur emploi.
» Plus de cinq cens tonneaux composeront l'envoi.
» J'en ferai deux par an. Comptez sur ma promesse.
» Cinquante mille écus sont encor dans ma caisse
» Malgré deux cens tonneaux de bon sucre ACHETTÉ's,

» Payés,

grande quantité de Thériaque. Les Apoticaires s'étant transportés sur les lieux, trouverent les Jésuites en flagrant délit, saisirent leurs boëtes de thériaque, le 9 Juin 1760, Monsieur de Sartines, Lieutenant-Général de Police, prononça au Châtelet le 2 Septembre 1760, une Sentence, qui déclare la saisie bonne & valable & dans la forme & dans le fonds, condamne les bénits Peres à cent livres d'amende, & leur fait défenses d'exercer la profession d'Apoticaire suivant les Saints Canons, Arrêts & Réglemens du Royaume.

(*a*) Saint Jerôme veut que l'on évite comme la peste l'Ecléfiastique Négociant; lequel, selon S. Paul, doit être un soldat toujours prêt à combattre pour Dieu, & toujours dégagé de l'embarras des affaires du siécle.

(*b*) Tout trafic est interdit aux Jésuites en Portugal, depuis qu'ils en ont été chassés pour leurs forfaits, dont l'univers attend le châtiment avec la plus grande impatience. Le Cardinal Saldanha leur reprochoit de vendre jusqu'à du Poisson salé.

(*c*) Ville considérable de la Martinique, maison de résidence, & chef-lieu des Missions des Jésuites dans l'Amérique Méridionale.

(*d*) Extrait de plusieurs Lettres du P. Lavalette, écrites aux Lioncy, & rapportées à l'Audience par M. de Saint-Fargeau.

» Payés, & sur le champ au magasin portés,
» Deux mille tous les ans avec mon industrie
» Passeront par Grasson, Bourdeaux, & Compagnie. (a)
» J'ai mis entre les mains de Gautier & Coen (b)
» L'argent pour ACHETER le Vaisseau de Diant (c)
» Ces soins, joints au départ de la Reine des Anges (d)
» M'attireront partout des moissons de Louanges.
» Mais ce n'est que du vent. Faisons notre métier.
» Vous & moi nous ferons un grand coup en Janvier ;
» Si vos nouveaux Vaisseaux mis à l'abri des prises,
„ Arrivent en ce tems chargés de Marchandises.
„ Mon esprit un moment ne peut être en repos.
Pour faire du Tafia (e) j'ACHETE des sirops.
Saint-Pierre est augmenté d'une Vinaigrerie,
D'un grand corps de logis, & d'une Gragerie (f)
Ses revenus seront, sans mes gains bien plus grands, (g)
Bon an, mal an, portés à deux cens mille francs. (h)
Au long & vrai discours de ce Banquier habile,
Est-ce ainsi, dites-vous, qu'on prêche l'Evangile ?
Rome ne peut jamais permettre un tel abus ;
Rome au luxe livrée, aime bien les écus ;
Mais depuis Simon (i) Rome a toujours de sa chaire
Anathématisé l'Apôtre mercenaire.
Sur ces vaines raisons & les vieux fondemens
Dont le Clergé Gaulois formoit ses monumens, (k)
Et que vous rassemblés à chaque remontrance,
Pour lasser de Louis la longue patience,

(a) Associés du P. Lavalette.
(b) Correspondans du P. Lavalette.
(c) Riche Négociant.
(d) Navire appartenant aux Lioncy.
(e) Espece de Vinaigre, dont les Négres font leur boisson à la Martinique.
(f) Moulin à Eau.
(g) Le P. Lavalette faisoit chaque année un Commerce de plusieurs millions. Chaque million par an lui rapportoit seize cens mille frans. Ce calcul est cité dans le Mémoire des Lioncy, qui est à la tête de la sçavante Consultation de Monsieur de la Lourcé.
(h) Extrait d'une Lettre du P. Lavalette, écrite de Saint-Pierre de la Martinique au Sieur Gr. * * le 15 Juillet 1757.
(i) Saint Pierre, premier Evêque de Rome, envoyé par Jesus-Christ pour prêcher des hommes, & non pas pour les dépouiller de leurs biens.
(k) Libertés de l'Eglise Gallicanne, qui ne sont autre chose que les décisions des premiers Conciles de l'Eglise, & les régles de la justice & de la droite raison.

Dans votre Sanedrin vous avez arrêté
L'anéantissement de la Société.
A vous entendre, il faut exterminer la trace
Du Commerce que font les héritiers d'Ignace.
Ils sont, pour l'avoir fait, chassés du Portugal, (a)
Où leur main meurtriere a causé tant de mal.
Ils ont à des Prélats (b) donné la mort eux-même,
Quand ils leur reprochoient leur avarice extrême.
Auteurs perpétuels de nos gémissemens,
Ils ont fait endurer les plus cruels tourmens
A d'autres qu'un grand Prince (c) en son cœur canonise,
Pour les avoir trouvés vrais Pasteurs de l'Eglise,
En attendant que Rome ait aux yeux des mortels
Avec solemnité décerné des Autels.
La gloire du très-Haut, instrument de Justice,
De ces fourbes toujours a voilé la malice;
D'abord prenant le nom qui leur fut défendu, (d)
Ils ont fait en tout lieu tout ce qu'ils on voulu.
Que ce fut pour punir une Cour criminelle
De sa haine pour Dieu, des froideurs de son zèle
Envers son Souverain par le glaive emporté,
Ou pour punir l'orgueil de la Société;
Du Pasteur légitime ils usurpent les chaires,
Et se donnent le nom de grands Missionnaires.
Le vrai Prédicateur en tout tems, en tout lieu
Annonce la Justice & le Régne de Dieu.
Il prêche sa clémence & son regard propice

(a) Le 3 Sept. 1759, les Jésuites ont été chassés de Portugal. S'ils n'avoient point fait le Commerce, ou du moins s'ils avoient obéi au Cardinal Saldanha, nommé Réformateur de la Société par Benoît XIV. d'heureuse mémoire, ils n'auroient point éprouvé cette honte, qui a été le commencement de tous les malheurs dont ils sont menacés. La cupidité est la racine de tous les maux.

(b) M. le Cardinal de Tournon, M. l'Evêque d'Halicarnasse, de la Bauve.

(c) Le Roi d'Espagne poursuit à Rome avec un zèle infatigable, la Canonisation de Dom Jean de Palafox, persécuté par les Jésuites.

(d) M. du Bellay, Evêque de Paris, fut consulté par le Parlement sur les Bulles & les Lettres-Patentes présentées par les Jésuites en 1554. Ce digne Pere du Concile de Trente, & une des grandes lumieres du Clergé de France, s'explique ainsi: dans son avis. Le nom que les Compagnons d'Ignace prennent de Société de Jesus, est un nom ARROGANT; comme s'ils se vouloient dire SEULS & faire & constituer l'Eglise. En conséquence le Parlement les a appellés Freres du Collége de Clermont, & leur a défendu de prendre le nom de Société de Jesus.

Aux pécheurs engloutis dans l'abîme du vice.
L'avarice & l'orgueil ſont dans ſon humble cœur
Des victimes qu'il offre à la Croix du Sauveur.
Il eſt de l'Eternel l'Embaſſadeur fidèle,
La voix du Dieu qui tonne à l'oreille rebelle.
Il eſt mort pour le monde ; & le monde à ſon tour
Eſt en tout tems pour lui ſans vie & ſans amour.
S'il vit encor, ſa vie, en Jeſus-Chriſt cachée,
De tout lien charnel demeure détachée.
On ne le verra point, d'un faux éclat épris,
Comme nous le voyons à préſent à Paris,
Eſtre honteuſement traduit à l'Audience,
Pour être ſans argent au jour de l'échéance ;
Et pour renouveller dans nos climats les vols
Faits par l'Ignacien ſur dix mille Eſpagnols,
Dont les cris élevés vers la céleſte voute,
Se font encore entendre après ſa banqueroute (a)
Si par les grands reſpects, dûs à l'autorité,
Au Tribunal d'un Roi Jeſus s'eſt préſenté ;
La fin de ſa démarche étoit de rendre hommage
Au Dieu de vérité dont il étoit l'image.
Pour payer à Céſar un légitime impôt,
Tout Roi qu'il eſt, il veut qu'on le paye auſſi-tôt.
Sur les bords de la mer un poiſſon vient paroître,
Avale l'hameçon pour libérer ſon maître.
Nul de ſes envoyés n'a dans ſes Miſſions
Jamais été repris pour pluſieurs millions,
Dont il auroit vraiment reçû comptant la ſomme,
Pour la faire toucher dans un autre Royaume.
Leur fonction étoit d'envoyer dans les cieux
Les tréſors rachetés par un ſang précieux.
Paul pour les biens d'autrui ne ſent aucune envie ;
Sa main ſeule pourvoit aux beſoins de ſa vie.

(a) En 1646, arriva la fameuſe banqueroute de Seville en Eſpagne. Dom Palafox dans une lettre qu'il écrivit à ce ſujet à Innocent X. le 8 Janvier 1649, en fait une deſcription lamentable. » Toute la grande & populeuſe Ville de Seville, dit-il, eſt en pleurs, très-» Saint Pere : les veuves de ce pays & les orphelins ſe plaignent avec cris & larmes d'a-» voir été trompés par les Jéſuites, qui après avoir tiré d'eux quatre cens mille ducats, » & les avoir dépenſés pour leur uſage particulier, ne les ont payés que d'une honteuſe » BANQUEROUTE.

Sans argent & ſans or Pierre eſt près d'un boiteux,
Qui lui tendoit la main en un temple fameux.
Loin d'avoir un Bureau comme les fils d'Ignace,
Matthieu quitte le ſien, & prêche ſans beſace.
Les envoyés du Dieu qui créa l'univers,
N'ont ſur l'éclat de l'or jamais les yeux ouverts.
Ils tirent de la Foi leurs principales armes.
„ Leurs pieds, dit Iſaïe, (a) offrent partout des charmes.
„ Sur les monts de Sion ils montent humblement,
„ Pour prêcher d'un Sauveur le prompt avênement,
„ Pour publier la paix aux lieux qui ſont en guerre,
„ Pour annoncer un bien inconnu ſur la terre,
„ Et pour dire à Sion : votre Dieu parmi vous
„ Vient à jamais fixer ſon régne le plus doux.
Les Jéſuites livrés au ſeul bien périſſable,
Ne ſont point envoyés par le Dieu véritable,
Par ce Roi, qui pour tous ſur la croix attaché,
Veut que l'amour de l'or ſoit du cœur arraché.
S'ils traverſent les mers; le grand but de leur courſe
N'eſt pas de convertir, c'eſt de remplir leur bourſe.
C'eſt d'eux dont le Seigneur parle ainſi dans ſes Loix (b)
„ Je ne leur ai jamais fait entendre ma voix;
„ En tout tems cependant ils parlent en Prophetes,
„ Je n'envoyois perſonnes, & ces ſuperbes têtes,
„ Couvrant mes vérités ſous des voiles épais,
„ Couroient de toutes parts, criant la paix, la paix;
„ Lorſque, pour détacher les pécheurs de la terre,
„ Au ſein de leurs plaiſirs je leur faiſois la guerre.
Voilà votre langage. On diroit qu'à Soiſſons (c)
Barvic dans votre exil vous donna ces leçons (d)
Fut-il jamais en rien imitable en notre âge?
Qu'on juge du Prélat par ſon dernier Ouvrage? (e)

(a) Que les pieds de celui qui annonce l'heureuſe nouvelle, & qui prêche la paix ſur les Montagnes, ſont beaux; les pieds de celui qui annonce la bonne nouvelle, qui prêche le ſalut, qui dit à Sion; votre Dieu eſt en poſſeſſion de ſon régne. *Iſaïe. 52. 7.*

(b) Je n'ai point envoyé des Prophetes; & ils couroient d'eux-mêmes : je ne leur parlois point, & ils prophetiſoient de leurs têtes *Jerem. 23. 21. 6. 14.*

(c) Dans le dernier exil du Parlement en 1753, la Grand'Chambre fut exilée à Soiſſons.

(d) M. de Fitzjames, Evêque de Soiſſons, fit un acceuil favorable aux exilés.

(e) Ce Prélat fait honneur à l'ancien Clergé de France. Il eſt recommandable par ſa

Le reste du Clergé, la docte Faculté (a)
Ont des yeux bien meilleurs pour la Société.
Vous n'avancerez rien. J'en ai l'expérience.
Les Jésuites sont nés pour tout détruire en France. (b)
Le zélé défenseur de l'Université,
Arnaud (c) plus d'une fois chez vous l'a répété.
Ses nerveux plaidoyers ont produit la ruine
Des plus fermes remparts de la sainte Doctrine (d)
A l'aspect de ces maux, dont vos yeux sont témoins,
Vous avez redoublé votre zèle & vos soins.
Vous voulez la contraindre à l'aquit de ses dettes;
Messieurs de la Grand'Chambre, oh! pour le coup vous êtes
Je vous l'ai déjà dit, tous excommuniés.
Allez-vous prosterner très-humblement aux pieds
De quelque Député du Souverain Monarque,
Qui dispose à son gré des ciseaux de la parque. (e)
Les Jésuites jamais ne s'obligent à rien.
Des biens de l'Univers leurs Loix forment leur bien.
A ses Loix en tous tems il faut être fidèle.
Vous avez eu grand tort de condamner leur zèle.
Le Bâton (f) doit aller selon qu'il est poussé;
Et le Cadavre agit selon qu'il est pressé.
Bonne, ou mauvaise on doit suivre sa conscience.
Le timide recule; & l'intrépide avance.
Le Ciel dût-il tomber, quand on a fait un pas,
Du cœur ferme la gloire honore le trépas. (g)

science & sa piété. Son Instruction Pastorale contre le P. Berruyer Jésuite, est un monument de doctrine, digne des Peres des quatre premiers siécles de l'Eglise.

(a) La Faculté de Théologie de 1761, est différente de la Faculté de Théologie de 1554.

(b) La Société des Jésuites paroît dangéreuse pour ce qui concerne la foi, capable de troubler la paix de l'Eglise, de renverser l'ordre Monastique, & plus propre à détruire qu'à édifier. *Décret de la Fac. de Théol. de Paris. 1. Déc. 1554.*

(c) Antoine Arnaud, pere du grand Arnaud, & des deux Saintes Abbesses de Port-Royal, Avocat de l'Univesité contre les Jésuites.

(d) Messieurs de Port-Royal.

(e) Quand Il sera question de tuer un tiran, il ne faudra point exécuter le projet, sans consulter le Général de la Société. *Constitutions des Jésuites.* Qui s'oppose à leurs loix, est un tiran.

(f) Ceux qui vivent sous l'obéissance du Général, doivent se regarder comme un bâton dans la main d'un vieillard, & comme un cadavre que l'on porte partout où l'on veut. *Constit part. 6. ch. 1. § 1.*

(g) Langage du P. Mamaihi Jésuite.

Des fils de Loyola c'eſt l'antique Doctrine.
Il ne faut pas toujours ſuivre la Loi Divine.
Selon les tems, les lieux, il faut agir, parler,
Tantôt montrer ſon front, & tantôt le voiler,
Des plaiſirs aux Puiſſans offrir la douce amorce,
De la Religion leur annoncer l'écorſe, (a)
Jamais devant les Rois du fils d'Eliſabeth (b)
N'avoir la fermeté, ni le zèle indiſcret,
Aller même au devant de ce qui peut leur plaire,
Avoir ſes intérêts pour ſon unique affaire,
Regarder en tout tems comme ſuprême loi,
De faire un gain de tout même ſans bonne foi,
D'un ſouverain mépris honorer cet Apôtre (c)
Qui n'a pas même oſé déſirer l'or d'un autre,
Ne point placer, pour être un céleſte héritier,
Comme lui la richeſſe au niveau du fumier,
Par toute voie enfin enchaîner la fortune.
La meilleure régle eſt de n'en avoir aucune.
Avec cet artifice on vient about de tout.
L'on rencontre toujours dequoi flatter ſon gout.
A la cupidité rien n'eſt ſi ſalutaire.
Les fils d'Ignace en font un uſage ordinaire.
Si l'on ne les voit point rendre un bien retenu,
C'eſt que leur propre loi le leur a défendu (d)
Selon eux tout métier mérite ſon ſalaire.
Quand on eſt engagé dans celui de Corſaire,
Il faut fidélement en obſerver les loix;
Comme il faudroit encor verſer le ſang des Rois,
Quand même on agiroit contre ſa conſcience,
Si l'on avoit fait vœu d'aveugle obéiſſance. (e)
La loi de l'intérêt eſt un lien ſi fort,

(a) Que nos Prédicateurs ſe ſouviennent avant toutes choſes d'exercer envers les Princes un traitement plein de douceur & de careſſes, de ne les avoir en vue en aucune façon dans leurs Sermons, & de les exhorter à la Juſtice politique. *Secrets de la Société. Chap.* 4. 4.

(b) Saint Jean-Baptiſte, fils de Zacharie & d'Elizabeth.

(c) Saint Paul, qui dit, je n'ai déſiré ni l'argent ni l'or, ni l'habit de perſonne. *Act.* 20. 33. J'ai regardé toutes choſes comme des ordoure pour gagner Jeſus-Chriſt. *Philip.* 3. 8.

(d) La Société à le plus ample pouvoir de diſpenſer de payer ſes dettes. *Avis ſecrets. Chap.* 2. 10.

(e) Meſſieurs Gerbier & le Gouvé, Avocats des Lioncy.

Que sa stabilité dure jusqu'à la mort.
En vain l'on vous dira par un flatteur langage,
La Grand'Chambre est vraiment un autre aréopage.
Elle ne pouvoit rendre un meilleur Jugement.
Le Jésuite est en tout condamné justement.
Nous avons entendu de nouveaux de Mosthenes, (*a*)
De nouveaux Orateurs des tribunes Romaines,
Qui, laissant à leur art toute sa liberté,
Ont tiré le rideau de la Société.
Pelletier (*b*) hardiment a fait à l'Audience
Ce que n'osera faire aucun Prélat de France.
Rempli de cet esprit, qui parle sans frayeur,
Du trafic Jésuitique il a montré l'horreur;
Et, du Juge suprême en tout suivant l'exemple,
A conclu de chasser les vendeurs de son temple.
De Ricci Lavalette avoit un plein pouvoir (*c*)
Pour aller dans Saint-Pierre élever un comptoir.
La bonne foi toujours doit être respectée.
La mauvaise en tout tems doit être rejettée.
Sans nul égard du rang où l'on est engagé,
Sur le délit commun l'on doit être jugé.
Cet Ordre si puissant, en aucun lieu de France,
De droit, n'a jamais eu de réelle existance. (*d*)
Il doit être pourtant jugé selon ses Loix.
Pour tout crime le glaive est dans la main des Rois. (*e*)
Dans ce Corps, qui commerce & par mer & par terre,
La solidarité n'est point une chimere.
Un seul chef y commande; & dans tout ce qu'il dit,
Sa voix devient par tout la voix de Jesus-Christ. (*f*)

(*a*) L'obéissance que l'inférieur Jésuite doit à son Général, est une obéissance aveugle, qui exige l'abnegation de tout sentiment, & de tout jugement, & la persuasion intime que la Justice a dicté en tout l'Ordre qu'il a reçu. *Const. p. 6. chap. 1.*

(*b*) M. Pelletier de Saint-Fargeau, Avocat-Général.

(*c*) Précis du Plaidoyer de M. de Saint-Fargeau.

(*d*) M. Dumesnil, ancien Avocat-Général, a dit : les Jésuites ne sont ni reçus, ni approuvés comme Religion par les Cours & Eglises de France; ils sont reçus par forme d'assemblée de College, à la charge de les REJETTER si quand ci après ils seront découverts être NUISIBLES, ou faire préjudice à l'Etat du Royaume.

(*e*) Ce n'est pas inutilement que le Prince à le glaive en main. Il est le Ministre de Dieu, pour exécuter sa vangeance, en punissant celui qui fait le MAL. *Rom. 13. 4.*

(*f*) Il faut obéir à la voix du Général, comme si elle étoit sortie de la bouche de Jesus-Christ. *Const. part. 6. chap. 1. §. 1.*

Tout membre par lui ſeul penſe, agit, & contracte.
Son nom ſeul peut caſſer, ou, valider toute acte. (a)
Layman à reconnu le pouvoir ſouverain,
Que la Société dépoſe dans ſa main.
De tous les biens du Corps ce Chef à le domaine.
Sur tous également ſa main eſt ſouveraine.
Les autres Corps n'ont point ce privilége heureux;
Leurs biens par portions ſont diviſés entr'eux.
Dans la Société tout fait manſe commune.
L'adminiſtration eſt pareillement une.
Il n'eſt qu'un bien chez elle, un domaine, un pouvoir;
Son Chef à tout; ſans lui nul ne peut rien avoir;
Et dût-on avoir fait emploi de marchandiſes,
Elles ſont, s'il lui plaît, en d'autres mains remiſes?
Ricci fait rendre à Rey (b) par un ordre formel (c)
Des fonds que Lavalette envoyoit à Dedel. (d)
Qui diſpoſe d'un fonds doit en être le maître.
Dans tous les Tribunaux on doit le reconnoître.
De la Société, de cet immenſe Corps
Le Général faiſant mouvoir tous les reſſors,
Et tenant pour le gain toujours ſa caiſſe ouverte,
Le Général doit ſeul en ſupporter la perte. (e)
Alte-là. diſcours qui ravit les eſprits
Parut adulateur au nouveau Verſoris (f)
A lui ſeul appartient par ſa mâle éloquence
L'honneur de remporter la palme à l'Audience.
A l'ouir, par Gerbier le faux fut expoſé. (g)
Ricci n'eſt par ſes loix qu'au gain autoriſé. La

(a) Le Général a toute faculté de faire toutes ſortes de contrats, & perſonne n'en paſſer aucun, ſans être autoriſé du Général. *Régle de la Société. n. 13.*

(b) Riche Négociant de Marſeille, ſubſtitué aux Lioncy après leur faillite par le P. de Sacy Jéſuite Procureur Général des Miſſions, ſuivant les Ordres de ſes Supérieurs.

(c) Ordre envoyé au P. de Sacy par le Général, & ſignifié par Huiſſier.

(d) Riche Négociant d'Amſterdam.

(e) Axiome de droit. Celui qui profite de l'aventage d'une choſe, doit-en ſupporter le dommage.

(f) Me. Thevenot Avocat des Jéſuites.

(g) Cet Avocat, apoſtrophant les créanciers de la Societé, leur a dit avec une préſomptueuſe fermeté comme s'il eût été aſſuré du gain de ſa cauſe: *c'eſt à vous, accuſateurs, c'eſt à vous à prouver que mes parties ayent fait le commerce. Ce ſeroit un crime, ſi elles l'avoient fait. Les Jéſuites n'ont fait que vendre les danrées de leur prope fonds.*

La perte est pour tout autre, Il peut pour une pomme (a)
En bonne conscience assassiner un homme.
Ou lorsque ses Bâtons manquent le coup fatal, (b)
Faire ce qu'il a fait au Roi de Portugal (c)
Pour moi, je suis d'avis qu'en bonne conscience,
Vous devez d'un grand cœur réparer votre offence.
Vous avez outragé griévement Ricci,
Par votre Arrêt rendu pour Gouffre & Lioncy.
Quel est donc, direz-vous, le violent outrage
Que notre cœur a fait à ce grand personnage;
Doit-elle avoir égard au crédit du puissant,
Blanchir le criminel, & noircir l'innocent?
Du Roi du Paraguay (d) le Négre craint la foudre.
Jamais Themis n'a craint d'être réduite en poudre.
Parce qu'il est le chef de vingt-mille brigans
Ne doit-il point payer cinquante mille francs,
Pour les dommages faits par sa grande avarice,
Et pour les intérêts dictés par la Justice.
En autant de Mandrins (e) les Jésuites changés
Autour de leurs monts d'or se tiendront-ils rangés?
De vingt mille poignards leurs fortes mains armées,
Seront-elles près d'eux par la rage animées?
A leur aide le Ciel osant se refuser,
Du pouvoir de l'Enfer sauront ils disposer,
Ou pour ne point payer au jour de l'échéance,
Eux-même au Vatican forger une dispense?
Quoi? notre jugement si rempli d'équité,
Demeurera sans force, & sans autorité!
Non. Aux Jésuites seuls notre Arrêt formidable
Sera de l'Univers la régle inaltérable;

(a) Molina. tom. 4. de la Justice. Traité 3. doute 16. nombre 7.

(b) Malagrida, Mathos, & Alexandre Jésuites Portugais, Complices de l'assassinat du Roi Très-Fidèle, détenus en prison, trois Bâtons du Général.

(c) Avoir recours à la calomnie, & noircir la réputation, quand on ne peut pas ôter la vie.

(d) L'année derniere Messieurs les Chanoines du Sépulchre de Paris recurent de Rome des Reliques de S. Constant, enveloppées dans deux Cartes du Paraguay, avec cette inscription au bas. *Paraguay, Royaume de la Société de Jesus.*

(e) Il y a quelques années qu'un Brigand, nommé Mandrin, ravageoit les Provinces Méridionales de France. Pour arrêter ses brigandages, la Cour fut obligée d'envoyer des troup es contre lui.

Et tout Moine au trafic livré honteusement
Portera de son crime un juste châtiment.
Ainsi pour étaler votre vaine éloquence,
Vous prendrez mon discours pour une impertinence,
Et loin de l'accepter comme un signe d'amour,
Vous irez sur le champ lui défendre le jour.
Lorsqu'à la vérité l'on rend un juste hommage,
Du cœur qui la déteste on allume la rage,
Triste & funeste effet de la corruption
Qui se laisse entraîner par l'adulation.
Je n'attends point, Messieurs, un rempart secourable
D'un avenir toujours incertain & peu stable.
Depuis deux siécles Rome a contre vos Arrêts (*a*)
Faits, à faire, rendu d'invincibles décrets.
Que votre ame, aujourd'hui, n'en soit point étonnée.
Rome a parlé, Messieurs, la cause est terminée.
Aux yeux des NÔTRES Saints avec ce grand secours
Pour EXTERNES pervers vous passerés toujours.
Que l'ASTROLOGUE aux Cieux lise avec ses lunettes,
Un sublunaire effet causé par les planettes.
Il ne pourra jamais lire un Arrêt pareil
Dans l'ombre dont Venus (*b*) doit tacher le soleil.
Croyant dans tous ses points sa science certaine,
Il pourroit contre vous tourner le phénomene,
Vous présenter le corps de la Société,
Comme un brillant soleil dans le monde posté,
Eclairant tous lieux de sa vive lumiere,
Faisant du bien à tous dans sa vaste carriere,
Et par votre rencontre en passant obscurci,
Comme l'est à présent son vrai soleil, Ricci,
Ricci, de Jesus-Christ la plus parfaite image,
Ricci, de l'univers le plus grand personnage,
Ricci, que tout Jésuite adore comme un Dieu,
Ricci, par ses trésors formidables en tout lieu,
Ricci, de tout Etat législateur unique,

(*a*) Pie V. dans sa Bulle de 1571, s'explique ainsi : nous accordons à la Société de Jesus tous les privilèges, toutes les immunités, &c. qui ont été accordées par nos *Prédécesseurs*, & qui pourront être accordées par nos *Successeurs*.

(*b*) Passage de Venus dans le disque du Soleil le 6 Juin 1761.

Ricci, dont la Loi vaut le code évangélique,
Ricci, Supérieur au Pontife Romain,
Ricci, du monde entier Monarque souverain,
Ricci, réunissant sur son chef tous les titres,
Ricci, dispensateur des couronnes, des mitres,
Ricci, faisant de tous le bon, le mauvais sort,
Ricci, seul ayant droit & de vie & de mort,
Ricci, de tout secret ayant la connoissance,
Ricci, dirigeant tout selon sa conscience,
Ricci, dont vous deviez respecter le Décret,
Ricci, honteusement flétri par votre Arrêt.
Cette Lesion fait une tache mortelle
Qui surpasse en noirceur la tache originelle.
Ainsi l'avoit prédit un fils de Loyola,
Un Prophête fameux, le saint Malagrida (*a*)
Quand de Rome envoyé dans cette Capitale (*b*)
Il ourdit de ses mains une trame infernale.
Quoi! jusqu'àprésent vous avez ignoré
Que chez LAURENT RICCI tout est saint & sacré.
Que l'on est mis au rang des ames téméraires, (*c*)
Quand on ose toucher aux biens des benits Peres. (*d*)
La faute (*e*) dû..-elle être à la Ville, à la Cour
Avec un grand éclat arrivée en plein jour,
Par l'instigation, ou par la main des NÔTRES,
Fussent-ils Procureurs, Recteurs, Profés, Apôtres,
Dit le Compendium de la Société,
Tout ce qu'on fait contr'eux, est sans autorité. (*f*)
Tout est nul de plein droit. Je gagerois d'avance

(*a*) Jésuite, détenu aux prisons de Portugal pour crime de Lèze-Majesté.
(*b*) Ce Jésuite étoit un homme important dans la Société, & un *Bâton* du Général;
propre a frappes les grands coups; il est venu d'Italie en France en 1756, ce Pro-
phéte étoit aux environs de Paris lors de l'assasinat du 5 Janvier 1757.
(*c*) Tous ceux qui auront la TEMERAIRE hardiesse de contrevenir à nos priviléges,
seront excommuniés. *Comp. mot. privil.* §. 10.
(*d*) Dénommination donnée aux Jésuites par les Portugais.
(*e*) S'il arrive que l'on fasse lésion à nos priviléges; qui que ce soit qui la fasse, dans
quelque état où il se trouve, de quelque maniere qu'il l'ait faite, ou qu'il la fera dans
la suite, aux personnes aux droits, aux BIENS, & aux choses de la Société, la lésion
est nulle & sans autorité. *Comp. mot. privil.* §. 9.
(*f*) La lésion est nulle, quoiqu'elle ait été faite par la FAUTE des NÔTRES, de nos Procureurs, ou de nos Maisons. *privil.* §. 9.

Qu'au deux Juin vous irez aggraver votre offenſe. (*a*)
Au nom de Dieu, Meſſieurs, cherchez quelque Pichon (*b*)
Qui vous donne bien vîte une abſolution
De vos pechés paſſés, & par un conſeil ſage
Vous tienne à l'avenir éloignés du naufrage.
Apprenez donc qu'il eſt encore trois écueils.
Qui pourroient devenir vos funeſtes cercueils.
Ce ſont, Meſſieurs, les droits, les perſonnes, les choſes;
Il faut ſur ces trois chefs tenir vos bouches cloſes;
Autrement, vous irez, ignorans Magiſtrats,
Donner la foire (*c*) au corps de nos ſçavans Prélats.
Ce mal ſera ſi grand, que par votre imprudence
La peſte gagnera le Royaume de France.
Le Sage & ſaint Statut de la Société
Par-tout Sénat doit être humblement reſpecté.
Si vos mains retranchoient quelqu'un de ſes myſteres,
Vos noms ſeroient écrits en rouges caracteres
Vous le prendrez chez vous pour un livre infernal,
Deſtructeur de tout bien aux Souverains fatal.
L'Evangile n'eſt point auſſi pur que ce Code,
Indigne du deſtin des livres à la mode.
Les Jéſuites ſont-ils pour être un jour détruits?
C'eſt vous qui mérités les plus obſcures nuits.
Sur le Tage à préſent à leur ſainte mémoire
On dreſſe des Autels pour couronner leur gloire.
Autant que l'Univers laiſſez durer leur Loi.
N'écoutez ſur ce point ni Gerbier ni le Roi.
Gerbier vous a ſéduit par ſes diſcours frivoles.
Devoit-il devant vous prononcer ces paroles?
Les fils de Loyola ſont proviſoirement
Approuvés & reçus dans votre Parlement.
Vous ne ſauriez trop-tôt ordonner la réforme,
D'un Volume, où l'on lit une maxime énorme, (*d*)

(*a*) Par un Arrêt de la Cour, rendu le 17 Avril dernier, les Chambres aſſemblées, il fut ordonné aux Jéſuites d'apporter leurs conſtitutions. Le P. de Montigny.

(*b*) Jéſuite qui a fait un Livre abominable. Une de ſes maximes eſt d'aller vîte à confeſſe, & enſuite communier, quelque grand crime que l'on ait commis.

(*c*) Terme bas, qui ſignifie dévoiement, produit le plus ſouvent par une indigeſtion. Il y a eu des Prélats, qui en ont été indiſpoſés, à la nouvelle de l'Arrêt du 8 Mai 1761.

(*d*) Quand il s'agira de tuer un tiran, il faudra conſulter le Général. *Conſt. Jéſuitiques.*

D'un Livre.... ah, vous l'avez à présent sous les yeux.
Je dois borner ici mes regards curieux.
Hâtez-vous de juger notre Cause célebre
Les Jésuites sont bien aux rivages de l'Ebre
Convaincus, & punis des crimes les plus grands:
N'oseriez-vous toucher à des Moines marchands?
Ne jugerez-vous point la noirceur de leur ame,
S'ils ont, en Séculiers, fait un commerce infâme?
Je saurai respecter les dons par nos Rois faits;
Et de la piété conserver tous les legs.
Je laisserai les fonds destinés pour les maîtres
Qui pour le bien public se consacrent aux Lettres.
Mais il est d'autres biens, des mobiliers connus;
Suffisans pour payer mes cinq cens mille écus.
Si je n'en trouve point dans ce vaste Royaume,
J'en pourrai retirer de Madrid, ou de Rome,
Par malheur le Jésuite en Portugal n'est plus.
Bragance a fait saisir ses amples revenus.
Si l'Europe ne peut fournir à mes finances,
En d'autres lieux j'irai chercher des assurances;
Pour me faire payer des fils de Loyola.
Sans peur je porterai mes pas au Canada;
Et, s'il faut parcourir & l'Asie & l'Afrique,
Les Isles, de la Mer, l'une & l'autre Amérique,
J'en ferai le trajet: par-tout je les suivrai;
J'irai jusqu'au Mexique, & jusqu'au Paraguay.
Le Roi, dont le cœur droit déteste la malice,
Vous dira sur le champ: *que l'on rende justice.*
Cour suprême, pour moi, j'ouvre un avis nouveau:
Sans délai fais rentrer ton glaive en son foureau.
Jesus n'a t'il pas dit à quiconque le léve;
„ Qui du glaive se sert, perira par le glaive. (*a*)

(*a*) Jesus dit à un de ceux qui étoient avec lui; remettez votre épée dans le fourreau; car tous ceux qui prennent l'épée, méritent de périr par l'épée. *S. Matthieu. 26. 52.*

www.ingramcontent.com/pod-product-compliance
Lightning Source LLC
LaVergne TN
LVHW052029160826
845678LV00003B/1249
* 9 7 8 2 3 2 9 6 5 4 3 1 7 *